TRIBUNAL DE COMMERCE DE BORDEAUX

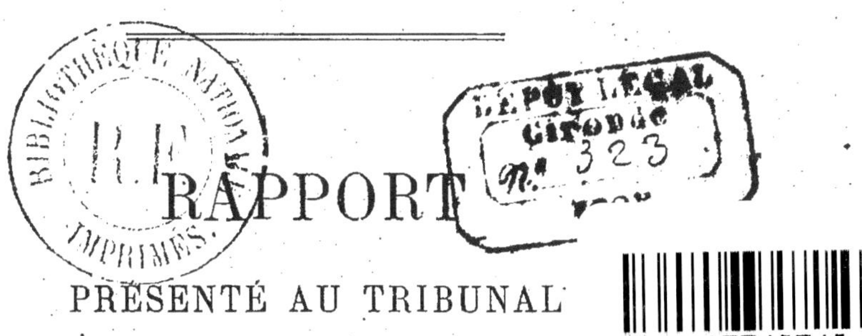

RAPPORT

PRÉSENTÉ AU TRIBUNAL

SUR LE PROJET DE

RÉFORME DE LA LOI DES FAILLITES

Par M. SEGRESTÁA, juge,

ET

DÉLIBÉRATION DU TRIBUNAL

BORDEAUX

IMPRIMERIE ADMINISTRATIVE RAGOT

11-13, RUE DE LA BOURSE

1885

RAPPORT

PRÉSENTÉ AU TRIBUNAL

SUR LE PROJET DE

RÉFORME DE LA LOI DES FAILLITES

Par M. SEGRESTÁA, juge,

ET

DÉLIBÉRATION DU TRIBUNAL

Aujourd'hui, trois Novembre mil huit cent quatre-vingt-cinq, se sont réunis, dans la Chambre du Conseil du Tribunal, sur la convocation adressée par Monsieur le Président à Messieurs les Membres : Messieurs Émile TROYE, *président ;* SEGRESTÁA, BUHAN, CALVÉ, BORDE, CAUPENNE, BESSE, *juges ;* LAGACHE, BABIN, MALICHECQ, RENAUD, *juges-suppléants ;* LAROZE, *greffier.*

Monsieur le Président dépose sur le Bureau une lettre en date du onze Février 1885, par laquelle Monsieur le Procureur Général, près la Cour d'appel de Bordeaux, communique au Tribunal une dépêche de Monsieur le Garde des Sceaux Ministre de la Justice, invitant les Cours d'appels et les Tribunaux de commerce à donner leur avis sur le projet et les propositions de lois relatifs à la réforme de la législation en matière de faillite.

Monsieur le Président ajoute que le Tribunal, réuni une première fois, a décidé que ces propositions de lois seraient examinées par une Commission de trois de ses membres chargés de lui faire un Rapport ;

Que cette Commission composée de Messieurs Troye, président, Segrestáa, Buhan, juges, s'était plusieurs fois réunie ; qu'elle avait examiné et discuté le projet et propositions de lois et fait choix de Monsieur Segrestáa en qualité de rapporteur ; que le rapporteur était prêt à donner connaissance au Tribunal du Rapport qu'il avait rédigé et qui contient les résolutions de la Commission sur le projet de loi soumis à l'examen du Tribunal.

Après cet exposé, la parole est donnée à Monsieur Segrestáa qui lit le Rapport suivant au nom de la Commission :

Messieurs,

La loi de 1838 sur les faillites a donné lieu, dans ces derniers temps, à un mouvement d'opinion qui, bien qu'un peu factice peut-être, n'en a pas moins attiré l'attention des pouvoirs publics. Les critiques dont elle a été l'objet, et qui portent d'ailleurs bien moins sur ses dispositions que sur les conséquences de son inexécution, ont en effet provoqué et inspiré diverses propositions émanant de l'initiative individuelle qui, avec un projet de loi déposé par le Gouvernement, ont été successivement renvoyées à une Commission parlementaire, chargée de les examiner.

Des études approfondies auxquelles s'est livrée cette Commission, et dont le Rapport de l'honorable M. Laroze est l'éloquent commentaire, est sorti le projet de réforme sur lequel le Tribunal est invité à présenter ses observations.

L'examen de votre Commission s'est surtout porté sur le Chapitre 1er du projet intitulé : « *Des opérations de la liquidation judiciaire jusqu'au Concordat* » et, par un double motif : c'est d'abord ce système de liquidation judiciaire qui constitue l'innovation principale de la réforme projetée ; votre Commission a ensuite pensé qu'il vous appartenait de vous prononcer sur le principe de la loi, plutôt que sur son économie et son organisation.

Le principe de la nouvelle législation, vous vous le rappelez, Messieurs, consiste en ce que la cessation des paiements n'entraîne pas nécessairement la faillite.

Le débiteur malheureux et de bonne foi pourra l'éviter, en sollicitant du Tribunal de Commerce le bénéfice d'une liquidation judiciaire dans les dix jours de la cessation de ses paiements ; mais s'il laisse passer ce délai sans se conformer à cette prescription impérative, la faillite sera irrémissiblement prononcée contre lui avec toutes les conséquences que la loi actuelle attache à l'état d'union.

Tel est, dégagé de tous les détails, le principe ; telle est la sanction du projet qui est soumis à votre délibération.

Ce système de la liquidation judiciaire, Messieurs, tout simple qu'il paraisse, est plus qu'une modification de la loi des faillites, vous l'avez bien senti, c'est une réforme radicale ; aussi plusieurs membres de votre Commission, effrayés des conséquences qu'elle peut amener, lui ont-ils fait une vive opposition.

La loi de 1838, dans leur opinion, doit être maintenue. Sans doute, certaines procédures peuvent être et doivent être abrégées et simplifiées, certains délais mis plus en rapport avec la rapidité actuelle des communications ; mais l'ensemble de la loi, telle qu'elle résulte des articles du Code, répond aux nécessités sociales auxquelles toute loi de faillite est destinée à pourvoir, et sauvegarde l'inlérêt des créanciers sans exclure les ménagements qui peuvent être réservés aux seuls débiteurs malheureux et de bonne foi.

Si l'opinion publique, disent-ils, doit être, dans une certaine mesure, suivie par le législateur, il faut se garder des revendications extrêmes et repousser nettement les vues de ceux qui poursuivent l'effacement de nos lois du mot de faillite et des déchéances qu'elle entraine.

« Le commerce vit d'exactitude et de ponctualité. » La crainte salutaire de la faillite est, dans bien des cas, la meilleure sauvegarde de l'exécution des engagements commerciaux ; il serait dangereux d'en affaiblir la rigueur.

Et puis, ajoutent-ils, pourquoi créer légalement une situation intermédiaire entre la solvabilité et la faillite ? Ne pas tenir ses engagements, c'est faillir ; pourquoi donc consacrer en droit une différence de traitement entre des cessations de paiements qui, en fait, n'en présentent aucune.

Sans doute la liquidation judiciaire, dans l'esprit de la commission parlementaire, est un refuge exclusivement réservé aux débiteurs malheureux ; mais n'est-il pas à craindre que ceux-là seuls en profiteront qui seront le plus habitués aux compromissions de conscience, et qui en seront, par suite, le moins dignes, alors que le commerçant véritablement honnête, se sentant aussi profondément atteint dans son honneur commercial par la liquidation judiciaire que par la faillite, fera comme aujourd'hui les efforts les plus énergiques pour y échapper ; et, prolongeant cette période d'illusion ou de lutte, si funeste aux intérêts de tous, laissera passer le court délai qui lui est imparti pour livrer à la justice sa situation commerciale, et finira par être irrémissiblement déclaré en faillite.

Au point de vue de son efficacité pratique, le projet de loi serait donc, dans certains cas, dangereux ; dans d'autres, il irait à l'encontre des sentiments bienveillants qui l'ont inspiré.

Telles sont, rapidement exposées, les principales objections qui ont été faites au projet de réforme et à son principe.

La majorité de votre commission n'a pas cru devoir s'y arrêter.

Loin de méconnaitre les mérites de la loi des faillites révisée en 1838, et sans cesse depuis lors, interprêtée et complétée par la jurisprudence, et dont l'ensemble des disposisions constitue une des œuvres les plus harmoniques et les plus complètes de ces temps derniers, votre Commission n'aurait peut-être pas été amenée à vous en proposer la modification si elle n'avait été obligée de constater que cette loi n'était plus généralement exécutée.

Si l'on a pu dire, avec raison « que les lois sont critiquées d'ordinaire plutôt par ceux qu'elles gènent, que par ceux qu'elles ont pour but de protéger » il faut reconaître qu'en matière de faillite, les créanciers sont d'accord avec les débiteurs pour formuler les mêmes plaintes.

Quelle est la raison de cet accord, et ne provient-il pas précisément de ce que la loi n'est plus appliquée suivant les vues du législateur ; de ce que ni les débiteurs, ni les créanciers, ni-même peut-être les Tribunaux n'ont plus recours à ses prescriptions protectrices à un moment où elles seraient le plus efficaces ?

Ne voit-on pas en effet se reproduire constamment les mêmes faits déjà signalés par votre Tribunal : Débiteurs depuis long-temps en cessation de paiements, déclarés en faillite lorsque leur actif est épuisé ; remontements venant troubler des situations acquises ; actions en rapport imposées aux Syndics pour rétablir l'égalité violée ; multiplicité des frais judiciaires ; lenteurs inévitables dans la liquidation ; concordats ne donnant presque rien ou unions donnant encore moins ? (1)

Devant de pareils résultats dont ils sont souvent les auteurs inconscients, les créanciers hésitent de plus en plus à recourir à la justice ; ou, s'ils le font, c'est comme moyen d'intimidation et bien plutôt pour obtenir le paiement tout au moins partiel de leur créance, que pour arriver à la déclaration de faillite de leur débiteur. Dans tous les cas, ils s'accommodent de tous les ater-moiements qui leur sont proposés, semblant ainsi préférer un arrangement amiable au mode de liquidation que leur offre la loi. De leur côté, faut-il le dire, les Tribunaux ne veulent pas se montrer plus rigoureux que les créanciers eux-mêmes, et favorisent cette funeste tendance, à régler les faillites « en « arrière de la loi, » en se prêtant à tous les renvois qui leur sont demandés sur les actions portées à leur rôle.

De tous ces faits, dont l'évidence est incontestable, et qui sont la cause principale des critiques qui se sont élevées contre le régime actuel des faillites, on peut conclure que la loi de 1838 est impuissante à faire respecter un grand nombre de ses dispositions, et les constatations de la statistique viennent à l'appui de ces observations.

De tous les états qu'elle fournit, le plus intéressant au point de vue du principe de la réforme projetée, est incontestablement celui qui se réfère aux faillites déclarées sur dépôt de bilan : le tableau qui suit suffit à démontrer dans quel coupable oubli sont tombées les prescriptions de l'article 438, aux termes duquel tout failli est tenu de faire au greffe du Tribunal, la déclaration de la cessation de ses paiements :

---

(1) Réponse au Questionnaire sur les concordats amiables.

RELEVÉ COMPARATIF des Faillites déclarées sur dépôt de Bilan, par le Tribunal de Commerce de Bordeaux, de 1841 à 1884.

Année 1841	......	67 faillites dont	»	»	53 sur dépôt du bilan.
— 1842	......	88	»	»	73 d°
— 1843	......	95	»	»	67 d°
— 1844	......	69	»	»	48 d°
— 1845	......	92	»	»	71 d°
— 1846	......	89	»	»	59 d°
— 1847	......	105	»	»	73 d°
— 1848	......	98	»	»	83 d°
— 1849	......	55	»	»	37 d°
— 1850	......	45	»	»	29 d°
— 1851	......	73	»	»	45 d°
— 1852	......	73	»	»	40 d°
— 1853	......	70	»	»	46 d°
— 1854	......	75	»	»	43 d°
— 1855	......	92	»	»	57 d°
— 1856	......	97	»	»	55 d°
— 1857	......	110	»	»	54 d°
— 1858	......	110	»	»	62 d°
— 1859	......	107	»	»	69 d°
— 1860	......	104	»	»	54 d°
— 1861	......	156	»	»	90 d°
— 1862	......	163	»	»	71 d°
— 1863	......	116	»	»	52 d°
— 1864	......	134	»	»	75 d°
— 1865	......	162	»	»	74 d°
— 1866	......	143	»	»	72 d°
— 1867	......	222	»	»	92 d°
— 1868	......	204	»	»	73 d°
— 1869	......	241	»	»	70 d°
— 1870	......	160	»	»	53 d°
— 1871	......	151	»	»	51 d°
— 1872	......	155	»	»	43 d°
— 1873	......	155	»	»	30 d°
— 1874	......	200	»	»	56 d°
— 1875	......	198	»	»	41 d°
— 1876	......	180	»	»	39 d°
— 1877	......	224	»	»	39 d°

Année 1878 ...... 276 faillites dont 40 sur dépôt du bilan.
— 1879 ...... 270 » » 40 d°
— 1880 ...... 249 » » 35 d°
— 1881 ...... 339 » » 44 d°
— 1882 ...... 328 » » 44 d°
— 1883 ...... 293 » » 41 d°
— 1884 ...... 330 » » 33 d°

Votre Commission s'est donc trouvée dans cette situation ou de vous proposer le maintien d'une loi aux prescriptions de laquelle les intéressés échappent chaque jour davantage, ou d'étudier avec vous la portée des modifications qui font la base du projet qui vous est soumis.

La solution ne lui a pas paru douteuse : « Quand je vais dans « un pays, a dit Montesquieu, je n'examine pas si les lois sont « bonnes, mais si on exécute celles qui y sont. » L'auteur de l'Esprit-des-Lois, estimait ainsi que l'exécution des lois est la première des nécessités sociales chez tout peuple civilisé, et qu'il n'y a rien de plus démoralisant que le spectacle de leur inobservation.

Votre Commission estime donc qu'il y a lieu de mettre la législation des faillites plus en harmonie avec les tendances actuelles du commerce et de réglementer par la loi les liquidations amiables, qui malgré les pertes et les fraudes qu'elles entraînent, se substituent de plus en plus au seul mode légal de liquidation par la faillite.

Le projet de loi qui vous est soumis a son point de départ dans une idée juste, confirmée par l'expérience : les faillites les plus désastreuses sont celles dont l'ouverture a été le plus long-temps différée, après la cessation réelle des paiements. Le passif en est d'ordinaire d'autant plus fort, l'actif d'autant plus diminué, que la lutte a été plus désespérée, et plus longue. Plus grandes aussi les ruines qui en sont, en fin de compte, l'inévitable conséquence.

Le but principal du projet est de prévenir de semblables catastrophes « en encourageant, par l'espoir d'échapper aux déchéances de la faillite, le débiteur malheureux à demander dans un bref délai à la justice la liquidation de ses affaires ».

Ce but sera-t-il atteint, et d'un autre côté le projet de réforme satisfait-il aux conditions primordiales de toute loi de faillite, au triple point de vue des débiteurs, des créanciers, et des tiers ?

Votre Commission s'est d'abord préoccupée de rechercher si le système de la liquidation jndiciaire répondait au but que les auteurs s'en sont proposé, et c'est ici que se précisent les objections que nous avons signalées au début de ce Rapport.

Sur ce premier point, certains membres ont pensé que la réforme proposée serait inefficace et dangereuse ; que d'un côté, en effet, pour les commerçants soucieux de leur honneur commercial, la liquidation judiciaire entraînerait le même discrédit que la faillite ; que ces commerçants éprouveraient donc à la demander la même répugnance qu'ils ont aujourd'hui à se soumettre aux prescriptions de la loi de 1838, et feraient les mêmes efforts pour prolonger léur vie commerciale ; qu'il pourrait aussi, pour certains autres, se produire des circonstances exceptionnelles amenant, sous l'influence d'événements de force majeure, des cessations de paiements momentanées, alors que leur insolvabilité ne serait rien moins que démontrée.

Dans ces situations, soit sous l'empire de ce sentiment si profondément humain qui porte le débiteur à retarder l'aveu de son impuissance, soit dans l'incertitude du parti à prendre et du moment précis où le devoir s'en impose, le plus grand nombre laissera passer le délai imparti pour obtenir la liquidation et tombera ainsi sous le coup d'une législation bien plus rigoureuse, puisque la faillite sera prononcée contre eux avec toutes les conséquences de l'état d'union.

D'un autre côté, disent les mêmes membres, toute une catégorie de commerçants plus habitués ou mieux disposés aux capitulations de conscience, trouveront dans la liquidation judiciaire, un encouragement à faillir à leurs engagements ; et profitant des circonstances atténuantes qu'elle leur assure, demanderont avec empressement une liquidation qui leur permettra de reprendre à bref délai de nouvelles affaires après avoir réglé les premières en monnaie de dividende.

Ces deux objections sont sérieuses et ont entraîné dans le sein de votre Commission une discussion approfondie.

Votre Commission ne s'est pas en effet dissimulée que les avantages de la nouvelle législation demeuraient subordonnés à l'application qui en serait faite par les intéressés ; sans doute la loi « n'empêchera pas, comme l'a dit l'honorable député « M. Laroze dans son remarquable rapport, pour bien des « commerçants embarrassés d'espérer, contre toute espérance, « de lutter à outrance, d'épuiser toutes les ressources........ « et de se livrer encore à la pratique décevante de ce qu'on « appelle très improprement les concordats amiables, mais il « suffit que le plus grand nombre comprenne les avantages de « la réforme projetée. »

Or, votre Commission est fermement convaincue que lorsque la réforme sera entrée dans la pratique, et que son économie en sera connue de tous les commerçants, le plus grand nombre en comprendra les avantages, et que ses bienfaits en seront promptement appréciés par ceux-là mêmes qui en redoutent aujourd'hui l'inefficacité.

« Une loi de faillite est bonne, disait Renouard, lorsqu'elle « inspire au commerce l'habitude de préférer le règlement légal « et judiciaire des faillites à tout autre mode de les terminer. » Or, quel stimulant plus puissant pour amener le débiteur malheureux à se confier à la justice, que la perspective de cette liquidation judiciaire qui n'est, pour ainsi dire, que la liquidation amiable, si recherchée aujourd'hui, avec la garantie de la loi en plus, seule sauvegarde possible de l'égalité entre les créanciers ! une loi de faillite est morale et sage, ajouterons-nous, lorsqu'elle fait dépendre l'intérêt de tous, de l'initiative du débiteur à venir de lui-même demander à la justice le règlement de ses affaires !

Les lois sont faites en vue de la généralité des cas qu'elles doivent réglementer. Il suffirait donc que la grande majorité des commerçants en comprît les avantages pour que l'expérience en fût tentée. Mais pourquoi admettre à priori que toute une catégorie de commerçants, par crainte de la publicité qui s'attachera aux demandes de liquidation judiciaire, répugnera à la solliciter ? De quelque mystère qu'on les entoure, les cessations de paiements ne tardent pas à devenir rapidement de notoriété publique ; et plus le commerçant est haut placé dans la confiance des ses concitoyens, plus susceptible qu'il soit, par suite, dans son honneur commercial, plus vite son crédit en est atteint. Croit-on que les négociations longues et laborieuses qui entourent les contrats d'atermoiement échappent à la connaissance de tous ; et en quoi l'honneur commercial d'un nom sera-t-il plus atteint par une requête à fin de liquidation judiciaire que par les demandes officieuses d'amis dévoués, ou les manœuvres intéressées d'agents d'affaires suspects.

Peut-on aussi soutenir que la liquidation judiciaire entraînera le même discrédit que la faillite ? Il ne faut pas oublier que la faillite n'est pas supprimée ; que presque toutes les dispositions du Code, quant à son organisation, sont maintenues ; que la faillite sera encore prononcée soit d'office, soit à la requête des créanciers, soit au cours de bien des liquidations, qu'il y aura toujours des faillis.

Il s'établira donc forcément dans l'opinion publique, un départ, une différence entre l'état de faillite et l'état de liquidation judiciaire dont les déchéances sont bien atténuées ; et à la faveur de cette distinction qui n'existe pas actuellement, le commerçant, dont les affaires seront judiciairement liquidées, ne sera pas plus profondément atteint que ne l'est aujourd'hui celui que des circonstances malheureuses amènent à composer avec ses créanciers. Au surplus, les signes les plus vrais de probité commerciale que puisse donner le négociant malheureux, sont encore de traiter également tous ses créanciers et de venir lui-même se confier à la justice.

Sans doute il pourra se présenter des circonstances exceptionnelles où le débiteur, dans toute sa bonne foi, en proie à des difficultés imprévues et peut-être passagères, ne verra pas clairement devant lui son devoir et ne saura prendre un parti ; sans doute certains événements de force majeure pourront le priver momentanément des ressources sur lesquelles il était en droit de compter et amener ainsi une cessation de paiements dont les conséquences seront pour lui d'autant plus redoutables qu'il est plus certain qu'il laissera, dans ses hésitations, passer le délai qui lui est donné pour bénéficier de la liquidation judiciaire. Mais il est facile de répondre, que, dans la première hypothèse, il sera toujours loisible aux créanciers, dont les intérêts pourraient être compromis, de faire cesser cette période d'hésitation, et de pousser leur débiteur à la liquidation judiciaire, par une assignation en déclaration de faillite ; et ils le feront d'autant plus que cette mesure n'aura pas nécessairement la faillite comme conséquence ; que, dans la seconde hypothèse, et pour les cas exceptionnels dont il vient d'être parlé, le débiteur ne sera pas plus amené à la faillite qu'à la liquidation judiciaire.

Qu'enfin et surtout l'article 468 qui stipule « que la faillite « sera déclarée s'il est reconnu que le débiteur n'a pas demandé « l'ouverture de la liquidation judiciaire dans les dix jours de la « cessation de paiements » laissera aux Tribunaux la faculté d'apprécier ces situations exceptionnelles, et d'établir s'il y a eu ou non cessation de paiements.

La loi nouvelle, pas plus que l'ancienne, n'a cherché à caractériser par des signes certains la cessation de paiements : « La « cessation des paiements est en effet, un fait complexe dont « l'appréciation nécessairement arbitraire doit être laissée à la « prudence du juge. » (1)

Votre commission estime donc qu'usant de cette faculté d'appréciation qui leur est laissée, les juges pourront ne pas refuser le bénéfice de la liquidation judiciaire à ces débiteurs, que des circonstances imprévues auront momentanément mis dans l'embarras et dont l'insolvabilité n'aura pas été, à ce moment, suffisamment démontrée.

Sur ce même point, certains membres considèrent comme trop court le délai de dix jours imparti par le projet. La brièveté de ce délai, pensent-ils, s'accorde mal avec ce sentiment d'espérance si inhérent au cœur humain qui porte le commerçant à se payer d'illusion, et à retarder l'aveu de son insolvabilité.

Votre commission n'a pas cru néanmoins devoir vous

---

(1) Renouard. — Des *Faillites et Banqueroutes*. Art. 437.

proposer d'en allonger le terme ; ou tout au moins, elle vous demanderait de ne pas le porter au delà de quinze jours. Il lui paraitrait en effet extrémement dangereux de prolonger outre mesure cette période suspecte pendant laquelle le débiteur est en butte à tant d'entreprises, à tant de suggestions de nature à compromettre le principe d'égalité entre les créanciers qui doit rester la base de toute loi de faillite, sans introduire dans la loi des cas de nullité pour tous les actes accomplis dans cette période. Or, ces nullités donneraient lieu à des actions en justice dont la longue procédure viendrait entraver la prompte expédition des opérations de la liquidation, comme le font aujourd'hui les actions en rapport dont presque aucune faillite n'est exempte. Un des principaux bienfaits de la législation nouvelle, la rapidité dans les opérations de la liquidation, pourrait en être compromis. Dans la plupart des cas, en effet, la liquidation ouverte au moment de la cessation des paiements, aboutira sans incident judiciaire au concordat dans les délais si abrégés de la nouvelle loi.

Les objections tirées de la multiplicité des demandes à fin de liquidation judiciaire qui pourront se produire, ont moins arrêté votre commission.

En effet, les causes de déchéance énumérées dans la loi sont nombreuses, et c'est probablement dans cette catégorie de commerçants, empressés à demander la liquidation judiciaire, qu'elles se produiront le plus souvent.

Vous n'avez pas oublié, Messieurs, que la faillite sera déclarée alors même que la liquidation judiciaire aura été demandée, toutes les fois qu'il y aura eu :

Dissimulation de passif ;

Exagération d'actif ;

Omission de un ou de plusieurs créanciers ;

Refus, annulation, ou révocation de concordat, pour des motifs tirés soit de l'ordre public, soit de l'intérêt des créanciers.

A ces causes de déchéance déjà si multiples et qui viendront singulièrement diminuer les cas de liquidations judiciaires, certains membres de la Commission avaient demandé qu'on ajoutât une condition de nature à en restreindre encore le nombre et qu'il fut stipulé par exemple que les débiteurs ne pourraient être admis qu'une seule fois au bénéfice de la liquidation.

La liquidation judiciaire dans leur opinion ne doit être réservée qu'aux débiteurs malheureux et de bonne foi. Il faut éviter qu'elle ne devienne le refuge de tous les mauvais payeurs et que l'état de liquidé ne soit une profession. Votre Commission n'a pas cru devoir vous proposer cette restriction ; des circonstances malheureuses peuvent entraîner plus d'une fois dans de mauvaises affaires un commerçant honnête, sans que sa bonne foi puisse être incriminée; la loi ne saurait donc lui refuser, s'il se trouve d'ailleurs dans les conditions requises pour l'obtenir, le bénéfice d'une nouvelle liquidation judiciaire.

Votre Commission s'est ensuite préoccupée des conséquences de la nouvelle réforme au point de vue des créanciers et des tiers ; et bien que cet examen rentrât dans l'étude de l'économie de la loi plutôt que dans celle de son principe, elle a porté son attention sur deux points qui ont une importance capitale : nous voulons parler du dessaisissement partiel et de la publicité restreinte du jugement ouvrant la liquidation judiciaire.

Au point de vue des créanciers, le maintien de la faillite offre déjà une garantie des plus sérieuses.

La loi ne pouvait en effet « s'en rapporter uniquement au « failli qui, dans des vues coupables, ou par erreur de calcul « et quelquefois aussi par une pudeur d'honnêteté en lutte contre « la flétrissure commerciale » (1) est naturellement disposé à prolonger son agonie.

Elle a donc laissé au créancier le droit d'assigner son débiteur en déclaration de faillite à tout moment, et même après l'ouverture de la liquidation judiciaire.

Elle ne pouvait pas même s'en rapporter exclusivement aux créanciers, souvent portés à retarder l'éclat de la faillite pour se donner le temps de faire leur situation meilleure.

Elle a donc laissé aux Tribunaux le devoir de déclarer d'office toute faillite dont l'existence leur serait connue.

Mais les garanties de la liquidation judiciaire régulièrement ouverte, sont elles suffisantes pour sauvegarder les intérêts des créanciers ?

---

(1) Renouard. *Des Faillites et Banqueroutes*, Art. 440.

On sait qu'à partir du jugement qui déclare ouverte cette liquidation, il ne peut être dirigé contre le débiteur aucune poursuite, ni pris inscription sur ses biens ; que c'est lui qui agit, administre, et continue l'exploitation de son commerce.

En un mot, le débiteur n'est pas absolument dessaisi, comme il l'est sous l'empire du Code de commerce qui annule sa personnalité et lui substitue celle du syndic.

Le principe de la liquidation judiciaire, s'opposait à un dessaisissement aussi absolu et, ainsi que le dit le rapporteur du projet, « il importait de créer une différence visible pour « tous, entre l'état de liquidation et celui de faillite. »

Mais il ne faut pas perdre de vue que la capacité du commerçant en état de liquidation judiciaire est bien diminuée :

Il ne peut contracter aucune nouvelle dette, ni aliéner tout ou partie de son actif, sauf dans certains cas limitativement énumérés ;

Les actes conservatoires, c'est sous la surveillance de son liquidateur qu'il peut seulement les acomplir.

Pour la vente des objets sujets à dépérissement ou même à dépréciation ou dispendieux à conserver, il lui faut, en outre, l'autorisation du juge-commissaire.

L'ordonnance du juge-commissaire, qui lui est également indispensable pour continuer sous la surveillance du liquidateur l'exploitation de son commerce ou de son industrie, peut être en outre déférée par toute partie intéressée au Tribunal de commerce.

Enfin, deux contrôleurs sont choisis parmi les créanciers pour assister le liquidateur et suivre avec lui les opérations de la liquidation.

Le débiteur reste donc pour ainsi dire en tutelle jusqu'à l'obtention de son concordat.

Au surplus, une considération doit dominer la matière. La loi en accordant au débiteur qui demande la liquidation judiciaire, une situation de faveur, présume et devait présumer sa bonne foi. Où trouver en effet une plus forte présomption de bonne foi, que celle qui s'élève en faveur du commerçant qui de lui même vient se remettre aux mains de la justice pour lui confier le règlement de ses affaires !

Votre Commission estime donc que le système de la liquidation judiciaire, tel qu'il est organisé par le projet, protège suffisamment les intérêts des créanciers.

La majorité de votre Commission ne s'est néanmoins formée sur cette question, que sous une réserve relative à la publicité restreinte du jugement qui déclare ouverte la liquidation judiciaire, réserve qui nous amène à examiner le projet au point de vue plus particulier des tiers.

Ce jugement qui est délibéré en chambre du Conseil, est rendu et ne pouvait être rendu qu'en audience publique ; mais il ne reçoit aucune publicité ni par affiche, ni par insertions dans les journaux. Or, nous venons de le voir, la liquidation judiciaire affecte profondément la capacité des personnes. En admettant que tous les créanciers puissent être informés par le greffe de l'ouverture de la liquidatiou judiciaire, et que le débiteur sciemment ou même inconsciemment n'ait pas omis d'en faire connaître quelques uns, comment les tiers pourront-ils être avertis de ce jugement qu'ils sont pourtant intéressés à connaître ?

Ils peuvent être en effet amenés de bonne foi à passer des contrats avec le commerçant mis en liquidation ; or, ce débiteur ne peut désormais contracter aucune dette nouvelle ni aliéner tout ou partie de son actif, sauf dans certains cas ou sous certaines conditions, dont ils ne connaitront pas l'existence.

Cette exception au droit commun se justifie peut-être d'autant moins dans le cas de liquidation judiciaire, que le débiteur est resté en possession au moins provisoire de ses biens « toujours à la tête de ses affaires, conservant ainsi toutes les apparences d'une capacité entière (1) ».

Votre commission pense donc que le mode de publicité adopté par le projet de loi est insuffisant et incomplet pour les créanciers, compromettant et dangereux pour les tiers, et vous propose, en conséquence, de réclamer pour ces jugements la même publicité que pour les autres.

La Commission parlementaire dont le rapport vous est soumis,

---

(1) Ces considérations sont empruntées au Rapport présenté à la Cour de Cassation par M. le Président Larombière.

« n'a pas voulu de cette publicité qui viendrait infliger au débiteur
« son irréparable blessure, » et semble ainsi penser que la liquidation judiciaire n'aurait plus sa raison d'être, si le jugement
qui en accorde le bénéfice recevrait la même publicité que le
jugement déclaratif de faillite ; mais en dehors des dangers qu'ils
présentent, votre commission ne peut s'empêcher de considérer
« comme excessifs ces ménagements pour la pudeur commerciale
« d'un homme qui en définitive a cessé de faire honneur à ses
« engagements. » (1)

L'opinion publique saura d'ailleurs établir d'elle-même une
différence entre l'état de liquidation judiciaire et l'état de faillite.
Au surplus, si c'est l'honneur de tout commerçant de satisfaire
à ses engagements, il est moral qu'il y ait, suivant les cas, une
déconsidération plus ou moins grande pour celui qui y a failli.

Sous le bénéfice de ces observations et de ces réserves, votre
commission vous propose, Messieurs, de donner un avis favora-
ble au principe de la liquidation judiciaire et à son organisation.

La réforme qui la consacre, part d'une idée juste et vraie ;
elle sera efficace et morale si, pour le répéter avec Renouard,
elle inspire au commerce l'habitude de préférer le règlement
légal et judiciaire des faillites à tout autre mode de les terminer.
Elle sera enfin salutaire et avantageuse aux créanciers comme
aux débiteurs en provoquant l'ouverture de la liquidation à un
moment où les ressources du débiteur sont encore intactes, et
où son actif sauvegardé pourra lui faire obtenir promptement
un honorable concordat.

Après la lecture de ce Rapport, la discussion est ouverte et,
après délibération, le Tribunal en adopte les motifs et les conclu-
sions en entier et ordonne qu'une expédition de la présente
délibération sera transmise par le Greffier à Monsieur le Procureur
général près la Cour d'appel de Bordeaux.

Fait et délibéré à Bordeaux, les jour, mois et an ci-dessus
énoncés.

G. LAROZE.   ÉMILE TROYE.

(1) Rapport de M. le Président Larombière.